Qui sommes-nous ?

Les chats

Texte de Carine Mayo

MANGO JEUNESSE

Collection dirigée par Hélène Montardre
Direction éditoriale : Christophe Savouré
Ouvrage réalisé avec la collaboration de Carole Hardouin
Maquette : Nouchine Arbogast
Iconographie : Carole Hardouin
Fabrication : Marie Guibert

Loi n° 49-956 du 16 juillet 1949 sur les publications destinées à la jeunesse
ISBN : 978 2 7404 2679 1
Dépôt légal : avril 2010
Photogravure : Point4
Imprimé en Chine par Book Partners
N° d'édition : M10038

Sommaire

Les chats

Tapi dans l'herbe, il guette sa proie. Puis, soudain, d'un bond souple et puissant, il l'attrape. Un vrai petit fauve ! Le chat est un félin et, comme ses cousins le tigre et la panthère, il a un corps de chasseur agile et musclé. C'est le plus sauvage de tous nos animaux domestiques !
Il a été adopté par l'homme depuis le temps des pharaons. Les Égyptiens pensaient alors qu'il était le représentant sur terre de la déesse Bastet qui veillait sur la maison.
Pendant longtemps, les chats ont été apprivoisés à la campagne parce qu'ils mangeaient les souris.
Mais aujourd'hui, ils sont aussi très nombreux en ville. En France, il y aurait près de dix millions de chats dans les foyers, alors qu'il n'y a que neuf millions environ de chiens.
Dans une maison, ces petits félins peuvent vivre jusqu'à quinze ou vingt ans. C'est beaucoup plus que dans la nature, où ils mènent une vie moins protégée. Mais même lorsqu'ils sont chouchoutés et bien soignés, ils gardent toujours un caractère indépendant.
Un chat sait toujours ce qu'il veut, et il le montre !

Même s'ils sont très attachés à leur gamelle, les chats restent des animaux sauvages et de très bons chasseurs.

Les chats, de vrais acrobates

Le chat avance tranquillement une patte, puis l'autre. Sous ses pieds, il possède de petits coussinets de peau élastique. Grâce à eux, sa démarche est souple et silencieuse. Puis, hop ! le voilà qui s'élève dans les airs et bondit sur un mur. Tous les mouvements de ce petit fauve sont gracieux et précis. Son corps fin, équipé de cinq cents muscles puissants, est fait pour les efforts courts et rapides. Il peut courir, changer brusquement de direction, s'arrêter net ou grimper en quelques secondes sur un arbre en s'aidant de ses griffes. Ce champion de la gymnastique ne craint rien dans la nature. En revanche, les souris et les oiseaux ont intérêt à le fuir !

Quand le chat s'élance dans les airs, on dirait presque qu'il vole ! Tout son corps s'allonge et, déjà, ses pattes avant se préparent à se poser.

Qui suis-je?

L'Européen tigré

MON POIDS :
Je pèse de 3,5 à 7 kg.

MA FOURRURE EST :
Courte et tigrée. Mes rayures dessinent un M sur ma tête.

MES YEUX SONT :
Grands, ronds et de différentes couleurs.

MON CARACTÈRE :
Je suis intelligent et indépendant.

MES SIGNES PARTICULIERS :
Je suis l'un des chats que l'on rencontre le plus en Europe. Mes ancêtres étaient des chats de gouttière. Comme eux, je suis de taille moyenne, robuste et musclé.

Combien le chat possède-t-il d'os ?

Réponse 1 : 184.
Réponse 2 : 206.
Réponse 3 : 250 ou plus.

Le chat possède 250 os ou plus, suivant la longueur de sa queue.

Un corps élastique

Le chat se roule en boule pour dormir, étire ses pattes et cambre le dos quand il se réveille. Il a des os fins mais solides, et une colonne vertébrale qui se courbe facilement. Quand il fait sa toilette, il se tourne, se tord, se plie, pour atteindre presque toutes les parties de son corps. Contrairement à celles des humains, ses épaules sont très souples : il peut les resserrer pour se faufiler dans un passage étroit ou les écarter pour donner un coup de patte à une proie.

Quand il dort, replié sur lui-même, on pourrait croire que le chat est tout petit. Mais quand il s'étire, il devient très grand !

Le dos du chat peut se plier facilement, car sa colonne vertébrale est très élastique. Pas étonnant qu'il aime se rouler en boule pour dormir !

Le chat n'est pas très grand, et pourtant, en un bond, il peut se retrouver en haut ou en bas d'un mur. Comme si ses pattes arrière étaient des ressorts !

Champion de saut

Rapide comme l'éclair, le chat pousse sur ses pattes arrière et bondit sur sa proie. Les os de ses pattes arrière sont plus longs et plus épais que ceux de ses pattes avant. Ils sont entourés de muscles puissants qui se détendent comme des ressorts. C'est pour cela qu'il peut sauter très haut et très loin. Quand il retombe, les muscles de ses pattes avant amortissent le choc et il atterrit sur le sol tout en douceur. Quelle légèreté !

Le roi de l'équilibre

Quand on marche sur une poutre, on tend les bras pour garder l'équilibre. Le chat, lui, se sert de sa queue. Longue et souple, elle comporte une vingtaine d'os et se balance doucement quand il marche. Ainsi, il peut avancer sur le haut d'un mur et se tenir perché à la cime d'un arbre. Mais il n'est pas toujours à l'aise pour redescendre et il faut parfois aller le chercher ! Son sens de l'équilibre est renforcé par des petits canaux au fond de ses oreilles qui renseignent son cerveau sur la position de son corps : s'il tombe, il est capable de faire un demi-tour en l'air pour atterrir sur ses pattes !

Un vrai équilibriste ! Quand le chat marche, il ne pose pas tout le pied, mais seulement les doigts. Et son cerveau très rapide lui dit exactement où mettre les pattes.

Les chats et leurs sens

Comme tous les félins, le chat possède des sens très développés qui font de lui un redoutable chasseur. Grâce à son ouïe et à sa vue, il peut repérer une souris à vingt mètres et, une fois près d'elle, il peut la toucher et l'attraper avec ses pattes très habiles. Son odorat lui est aussi très utile pour savoir qui est passé avant lui sur son chemin. De plus, il possède, le long de son nez, un petit tuyau appelé « organe de Jacobson ». Cet organe lui permet de mieux analyser les odeurs. Le chat a encore d'autres sens que les humains n'ont pas. On dit qu'il est capable de sentir les changements de temps ou encore les tremblements de terre !

Quand il se promène dans la nature, le chat regarde partout, tend les oreilles et ouvre les narines pour détecter les odeurs. Tous ses sens sont en alerte.

À quoi servent les moustaches du chat ?

Réponse 1 : À se faire remarquer par les femelles.

Réponse 2 : À repérer les obstacles.

Réponse 3 : À protéger son nez .

Qui suis-je ?

Le Siamois seal point

MON POIDS :
Je pèse de 2,5 à 6 kg.

MA FOURRURE EST :
Courte, claire sur le corps et foncée sur les pointes, c'est-à-dire la face, les oreilles, les pattes et la queue.

MES YEUX SONT :
Bleus et ovales.

MON CARACTÈRE :
Je suis vif et fidèle à mon maître.

MES SIGNES PARTICULIERS :
Mon nom vient du pays de mes ancêtres, le Siam, qui est aujourd'hui la Thaïlande. Je suis un chat fin, musclé et élégant, et j'ai une voix puissante. Quand je miaule, attention les oreilles !

Les moustaches du chat servent à repérer les obstacles.

Comme des antennes

Pour toucher les objets, le chat ne se sert pas seulement de ses pattes. Il utilise aussi ses moustaches que l'on appelle « vibrisses » parce qu'elles vibrent dès qu'elles heurtent quelque chose. Quand il fait très sombre et que le chat ne voit pas très bien, ses moustaches l'aident à repérer les obstacles. Si elles passent, le reste du corps passera !
Le chat possède d'autres poils semblables au-dessus des yeux, et son sens du toucher lui est très utile pour se déplacer.

Sans ses moustaches, le chat serait perdu ! Il aurait du mal à s'orienter dans le noir, car elles lui indiquent où sont les obstacles.

De gros yeux qui voient tout

Comme tous les chasseurs, le chat passe beaucoup de temps à guetter ses proies. Avec ses grands yeux, il est capable de repérer le moindre mouvement, même sur les côtés. La nuit, sa pupille devient toute ronde et elle s'agrandit pour capter un maximum de lumière qui va se réfléchir dans une sorte de miroir qu'il a au fond des yeux. C'est pour ça qu'ils brillent dans le noir ! Grâce à toute cette lumière qu'il capture dans ses yeux, le chat arrive à voir six fois mieux que les humains la nuit. Pas étonnant qu'il aime se promener le soir !

La nuit, les pupilles du chat s'agrandissent pour recevoir le plus de lumière possible. C'est ce qui lui permet de bien voir.

Le jour, les pupilles du chat deviennent toutes minces. Il capte très peu de lumière. Comme cela, il n'a pas mal aux yeux à cause du soleil !

Une oreille fine

Avec la vision, l'ouïe est le sens le plus développé chez le chat. Grâce à ses larges oreilles, il entend le moindre bruit : une souris qui trottine, un pas dans l'escalier… Il perçoit même des sons beaucoup plus aigus que ceux que les humains sont capables d'entendre, comme les ultrasons émis par les chauves-souris. Munies de nombreux muscles, ses oreilles peuvent bouger très rapidement et dans tous les sens. Pratique pour localiser une proie ou un danger ! Le chat peut même orienter une oreille dans un sens et garder l'autre droite, ce qui lui permet de suivre ce qui se passe dans deux endroits à la fois.

Quand il se sent menacé, le chat se fait tout petit et rabat les oreilles en arrière. Attention, il devient nerveux et peut se mettre à attaquer pour se défendre !

Les chats et leur langage

Les chats « parlent » en miaulant, mais pas seulement. Ils peuvent très bien se comprendre sans émettre un son, simplement par les positions de leur corps. Suivant la façon dont ils tiennent la tête, les oreilles ou la queue, ils savent montrer s'ils sont contents, inquiets ou en colère. Dans la nature, ce sont des animaux solitaires qui évitent les contacts et restent silencieux, sauf au moment de la saison des amours ou quand ils se battent.
Dans la maison, ils sont souvent plus bavards et communiquent davantage. Il n'est pas rare de voir deux chats élevés ensemble se lécher mutuellement pour échanger leur odeur et entretenir l'amitié !

Il fait le gros dos, hérisse ses poils et montre les dents dans l'espoir d'impressionner son adversaire. Peut-être a-t-il été surpris sur le territoire d'un autre chat !

Qui suis-je ?

L'Oriental

MON POIDS :
Je pèse de 4 à 6,5 kg.

MA FOURRURE EST :
Courte, brillante et de différentes couleurs.

MES YEUX SONT :
Verts et très espacés.

MON CARACTÈRE :
Je suis très affectueux et très fidèle à mon maître.

MES SIGNES PARTICULIERS :
On m'appelle l'« Oriental » car je suis originaire d'Asie. Mes ancêtres étaient des chats siamois de couleur unie : bleue, blanche, brune...
Mais je peux aussi avoir une fourrure à rayures ou de plusieurs couleurs.

Pourquoi le chat ronronne-t-il ?

Réponse 1 : Parce qu'il a mal à la gorge.
Réponse 2 : Parce qu'il est content.
Réponse 3 : Parce qu'il ne sait pas rugir.

Le chat ronronne parce qu'il est content.

Miaou, ronron… on dirait qu'il parle !

Il sait miauler, gémir, grogner, gronder… Que de façons de dire « Bonjour », « J'ai faim », « J'ai mal » ou « Laisse-moi tranquille » ! On dit que la voix du chat est capable d'émettre soixante sons différents. Mais le plus étonnant d'entre eux, c'est le ronronnement, qui ressemble à un petit bruit de moteur. Cette vibration vient du fond de la gorge. Elle est produite par le chaton au moment de la tétée et signifie qu'il est content. En grandissant, le chat va se mettre à ronronner chaque fois qu'on le caresse, parce que c'est agréable. Mais il lui arrive aussi de le faire quand il a peur. Peut-être est-ce un moyen de se calmer.

Quand il se sent bien, le chaton ferme à demi les yeux et se met à ronronner. En grandissant, il gardera cette habitude.

Droit dans les yeux

En observant la façon dont le chat regarde, on peut comprendre ce qu'il ressent. S'il est détendu, en confiance, il ferme à demi les yeux, comme lorsqu'on le caresse. S'il les tient grands ouverts, c'est qu'il est attentif à ce qui arrive et surveille tout ce qui bouge. Quelqu'un vient à passer et il le regarde bien en face ? Cela signifie qu'il est sûr de lui. Mais, à l'inverse, s'il détourne les yeux, c'est peut-être qu'il a fait une bêtise !

Curieux, le chat ouvre grands les yeux pour surveiller tout ce qui se passe autour de lui. Rien ne lui échappe !

« Tout va bien, tout est calme » semble dire le chat quand il garde sa queue levée sans la remuer.

Ce que dit sa queue

Pour savoir de quelle humeur est le chat, il suffit de regarder sa queue. Quand il la tient levée bien droite et calme, c'est qu'il est tranquille. Quand elle est agitée, cela veut dire qu'il est nerveux ou inquiet. Si, en plus, elle devient toute hérissée, c'est qu'il est fâché. Il essaie alors de se montrer le plus gros possible pour impressionner. C'est sa façon de prévenir : « Attention, je vais attaquer ! » Au contraire, s'il a peur, il va se faire tout petit et mettre la queue entre les pattes.

« Tu as gagné, c'est toi le chef. » Le chat rentre sa queue entre ses pattes et s'aplatit devant un autre chat ; il veut lui montrer qu'il renonce à combattre.

Les chats et la chasse

À pas de velours, le chat s'approche de l'oiseau qui sautille dans l'allée. Pour ne pas se faire repérer, il s'aplatit au sol et s'arrête dès que l'oiseau se tourne dans sa direction. Puis, une fois qu'il est assez proche, il bondit sur lui. Il peut aussi rester de longues minutes immobile à guetter une souris qui sort de son trou. On dit alors qu'il « chasse à l'affût ». Après avoir mangé, il n'est pas rare qu'il fasse sa toilette en se léchant. Le chat est un animal très propre qui nettoie souvent ses poils pour les débarrasser des saletés et des petites bêtes qui s'y installent. Un chasseur comme lui doit avoir un corps en parfait état !

Certains chats adorent chasser les oiseaux. Mais il faut être rapide et les oiseaux réussissent souvent à s'envoler avant de se faire attraper !

Quand le chat dort-il ?

Réponse 1 : Il dort la nuit.

Réponse 2 : Il dort le jour.

Réponse 3 : Il fait plusieurs siestes dans la journée.

Qui suis-je ?

L'Abyssin

MON POIDS :
Je pèse de 4 à 7,5 kg.

MA FOURRURE EST :
Courte, brune et épaisse.

MES YEUX SONT :
Légèrement en amande, de couleur jaune, noisette ou verte.

MON CARACTÈRE :
Je suis doux et très joueur.

MES SIGNES PARTICULIERS :
Chacun de mes poils comporte une bande foncée et une bande claire. On dit qu'ils sont « tiquetés ». C'est le résultat d'un long travail des éleveurs qui ont voulu me faire ressembler aux chats sacrés des Égyptiens.

Le chat fait plusieurs siestes dans la journée.

Après la chasse ou le jeu, c'est le repos. Le petit fauve, qui a dépensé beaucoup d'énergie, a besoin de reprendre des forces.

Un gros dormeur

Dans la nature, les félins déploient beaucoup d'énergie à chasser. Aussi ont-ils besoin de se reposer souvent. Le chat a gardé cette habitude. Il dort seize heures par jour, mais en plusieurs fois. Souvent, il fait juste une petite sieste légère et il continue à surveiller en même temps ce qui se passe autour de lui. Parfois, on le voit s'agiter dans son sommeil : c'est signe qu'il rêve. En appartement, il s'adapte au rythme de ses maîtres et dort plus longuement la nuit et quand ils ne sont pas là. Mais, à la campagne, il préfère sortir le soir et rentrer au petit matin.

Pour faire sa toilette, le chat lèche ses pattes avant, puis se frotte la face et le cou. Ensuite, il nettoie ses flancs, son ventre, ses pattes arrière et sa queue.

Taillé pour la chasse

Quand il est au repos ou quand il marche, le chat garde les griffes rentrées. Ainsi, elles ne s'usent pas et restent bien aiguisées. Mais dès qu'il veut attraper une proie, il les sort et les plante dans sa chair.
On dit que les griffes du chat sont « rétractiles ». Et il s'en sert comme d'une arme redoutable ! Mais ce carnivore en possède une autre très efficace : sa mâchoire.
Elle comporte des canines très pointues pour mordre ses proies, et des dents carnassières qui, comme des ciseaux, lui servent à déchirer la nourriture.

Face à de pareilles dents, la proie du chat a peu de chances de s'échapper !

Drôles de jeux

Parfois, un chat qui attrape une souris se met à la mordiller puis à la relâcher avant de la saisir à nouveau et de la faire rouler entre ses pattes.
Ce comportement peut sembler cruel. Mais il s'explique parce que l'instinct de chasseur de ce félin se réveille dès qu'il voit quelque chose ou un animal bouger. Alors, il tente de l'attraper, même s'il n'a pas faim. Un chat reste un animal sauvage ! Heureusement, sa proie arrive parfois à s'échapper…

D'un coup de patte, le chat fait rouler la souris. Puis il bondit sur elle pour la rattraper. Quand le chat est bien nourri, il ne mange pas sa proie. Mais son instinct de chasseur le pousse à la poursuivre.

Les chats et leurs menus

Comme tous les félins, le chat est un carnivore. Dans la nature, il ne mange pratiquement que des animaux vivants. On estime qu'il peut dévorer une dizaine de souris par jour ! Parfois, il avale de l'herbe : c'est une façon de se faire vomir pour nettoyer son estomac et le débarrasser des touffes de poils qui l'encombrent. À la maison, mieux vaut lui servir deux repas par jour afin qu'il ait de la nourriture bien fraîche. Le chat préfère souvent manger en plusieurs fois. C'est normal : son petit estomac est plutôt conçu pour des repas légers et fréquents.

Le chat est un gourmand ! Du bout de sa langue, il goûte les aliments. Si leur goût ne lui plaît pas, il ne les mange pas. Mais s'ils lui plaisent, il les met dans sa bouche, puis les avale rapidement.

Dans la nature, où le chat trouve-t-il de quoi boire ?

Réponse 1 : Essentiellement dans ses proies.

Réponse 2 : Dans les flaques d'eau.

Réponse 3 : Dans les rivières.

Qui suis-je ?

Le Chartreux

MON POIDS :
Je pèse de 3 à 7,5 kg.

MA FOURRURE EST :
Douce et épaisse, de couleur bleue ou bleu-gris.

MES YEUX SONT :
Ronds, de couleur or ou cuivre.

MON CARACTÈRE :
Je suis calme et affectueux.

MES SIGNES PARTICULIERS :
Je suis un chat français de taille moyenne et très musclé. Mes sœurs et mes cousines sont un peu plus petites. Au Moyen Âge, mes ancêtres étaient très appréciés par les moines qui les gardaient pour chasser les souris et les élevaient pour leur fourrure.

Dans la nature, le chat trouve de quoi boire essentiellement dans ses proies.

Dans la nature, le chat ne boit pas beaucoup. Mais dans une maison, il lui faut de l'eau, car la nourriture qu'on lui donne n'en contient pas assez.

À boire !

Un chat ne boit pas très souvent, car il trouve dans le corps des souris ou des oiseaux le liquide qui lui est nécessaire. En effet, le sang est riche en eau ! La nourriture en conserve contient aussi de l'eau, mais attention, pas les croquettes, qui sont des aliments secs ! Aussi est-il important de toujours laisser au chat un bol d'eau fraîche. On peut aussi y mélanger un peu de lait mais pas trop, car il ne le digère pas facilement et cela peut le rendre malade.

Le chat guette le poisson, et hop ! Quand il vient respirer à la surface de l'eau, il l'envoie sur l'herbe avec la patte. Après, il sera plus facile à attraper !

Des repas variés

Quand il vit en liberté, le chat mange aussi bien des petits rongeurs, des oiseaux, que des poissons, des grenouilles et même des insectes ! À la maison, il faut donc lui donner surtout de la viande et du poisson. Mais mieux vaut y ajouter un peu de légumes verts ainsi que des céréales, comme du riz ou des pâtes, pour qu'il ait un menu équilibré. On peut aussi opter pour des croquettes ou des aliments en conserve, qui sont bien adaptés à ses besoins. Pour savoir si son alimentation lui convient, il faut observer sa fourrure. Si elle est belle et brillante, c'est que tout va bien !

Le chat sait ce qu'il veut. Si un aliment est trop froid ou s'il doit partager sa gamelle avec un autre chat, il est capable de refuser de manger !

Un amateur de bonnes choses

Face à un aliment nouveau, le chat est méfiant. Pas question de manger n'importe quoi ! D'abord, il le flaire, puis le goûte avec le bout de sa langue. Celle-ci est munie de deux cent cinquante papilles, des petites zones sensibles qui lui permettent de distinguer ce qui est acide, amer, salé ou sucré. Souvent, le sucre ne lui plaît guère. En plus, ce n'est pas très bon pour sa santé. La plupart du temps, le chat a ses habitudes et il n'est pas facile de le faire changer d'alimentation.

Si le chat mange parfois de l'herbe, ce n'est pas pour se nourrir mais pour se faire vomir et nettoyer son estomac.

Les chats à la campagne

Que fait le chat quand il n'est pas à la maison ? Il inspecte son domaine. En effet, comme tous les félins, il a un territoire sur lequel il chasse, joue et se reproduit. Et comme il ne veut pas que d'autres chats s'y installent et mangent ses proies, il surveille de près tout ce qui s'y passe. À force de s'y promener en suivant toujours les mêmes chemins, il en connaît les moindres recoins : les trous de souris, les lieux où habitent les chats du voisinage, les endroits où l'on peut se chauffer au soleil, les murs sur lesquels on peut observer les alentours… Et il est prêt à défendre sa place, si d'autres veulent la lui prendre !

À la campagne, le territoire du chat est très étendu et il passe beaucoup de temps à s'y promener. S'il ne le faisait pas, les autres chats pourraient croire que la place est libre !

Pourquoi les chats se frottent-ils contre les arbres ?

Réponse 1 : Pour se gratter.

Réponse 2 : Pour se débarrasser des saletés sur leurs poils.

Réponse 3 : Pour marquer leur territoire.

Qui suis-je ?

Le Scottish Fold

MON POIDS :
Je pèse de 2,5 à 6 kg.

MA FOURRURE EST :
Courte ou mi-longue et de différentes couleurs.

MES YEUX SONT :
Ronds et de différentes couleurs.

MON CARACTÈRE :
Je suis affectueux et plutôt discret.

MES SIGNES PARTICULIERS :
J'ai une petite tête ronde avec de bonnes joues et les oreilles pliées vers l'avant. D'ailleurs mon nom veut dire « Écossais plié » ! Mon ancêtre, une chatte blanche nommée Susie, est née en Écosse en 1961. Je suis né avec des oreilles droites qui ont commencé à se plier au bout de ma troisième semaine.

Les chats se frottent contre les arbres pour marquer leur territoire.

En frottant sa bouche, ses joues ou le haut de sa tête contre ce mur, le chat dépose ses odeurs. Ainsi les autres chats sauront qu'il est passé par là et qu'ils sont sur son territoire.

Un animal solitaire

Même si le chat se promène seul, il laisse toujours des messages pour les autres chats. Ainsi, il griffe les troncs, fait pipi contre les murs et frotte la tête contre les arbres pour y déposer son odeur. C'est sa façon de marquer son territoire pour dire : « Je suis ici chez moi. » Ces odeurs apportent plein d'informations aux autres chats : en les reniflant, ils peuvent savoir si elles ont été laissées par un mâle ou une femelle et si l'animal est passé depuis longtemps. Et, bien souvent, les chats préfèrent éviter de se croiser.

Défense d'entrer ! Le chat grogne et couche ses oreilles pour éloigner celui qui a osé pénétrer dans son territoire. Et si l'intrus ne veut pas comprendre, c'est la bagarre !

Un territoire étendu

Si le territoire du chien s'arrête aux limites du jardin, celui du chat est beaucoup plus étendu, surtout s'il s'agit d'un mâle ! S'il y a peu de proies, son territoire peut même dépasser la surface d'un village. En général, il est divisé en plusieurs parties : une zone de refuge dans laquelle il ne tolère aucun intrus, une zone de promenade et une zone de chasse qu'il peut partager avec d'autres chats. Attention, plus le chat a faim et plus il défend sa zone de chasse : s'il repère un autre chat, il va se battre avec lui et le poursuivre hors des limites de son territoire !

Le jardin n'est qu'une partie du territoire du chat. Souvent, il s'en échappe en sautant sur le mur ou en passant sous la grille pour aller conquérir un territoire bien plus vaste !

Toujours prêt pour l'aventure

Le chat est un animal sauvage qui aime la liberté. Il peut disparaître pendant plusieurs jours parce qu'il est à la recherche d'une femelle ou parce qu'il est occupé à chasser. En général, il finit par revenir, parfois blessé, mais content de retrouver son foyer ! Grâce à son sens de l'orientation, il se perd rarement, même en vacances. Mais pour être sûr qu'il soit là le jour du retour, mieux vaut le garder à la maison si l'on doit prendre la route.

Par ici la liberté ! Une chatière installée sur la porte de la maison permet au chat d'entrer et de sortir comme il veut, même quand son maître n'est pas là.

Les chats en ville

Même dans un appartement, le chat reste un animal sauvage. Un vrai petit tigre ! Si vous lui donnez une boulette de papier, il se mettra à l'assommer de coups de patte comme si c'était une souris. Si vous laissez de la nourriture sur la table de la cuisine, son instinct de chasseur le poussera à la voler. Il aime bien aussi grimper sur les rideaux, faire ses griffes sur les meubles… Ces comportements sont naturels, mais on peut l'éduquer en lui disant fermement « Non ! » quand il fait quelque chose de défendu, et en lui offrant des balles à attraper ou des jouets pour faire ses griffes.

En ville, chacun fait son territoire où il peut : dans un jardin, une cour… Mais pour un chat qui habite en haut d'un immeuble, rien de plus facile que d'aller sur les toits en sortant par la fenêtre !

Pourquoi certains chats se réfugient-ils en haut des armoires ?

Réponse 1 : Pour surveiller la maison.
Réponse 2 : Pour être tranquilles.
Réponse 3 : Pour se cacher.

Qui suis-je ?

Le Devon Rex

MON POIDS :
Je pèse de 2,5 à 4 kg.

MA FOURRURE EST :
Courte, douce et bouclée. Elle peut être de différentes couleurs.

MES YEUX SONT :
Grands, ovales et légèrement penchés.

MON CARACTÈRE :
Je suis curieux et j'adore jouer !

MES SIGNES PARTICULIERS :
J'ai une petite tête en forme de triangle avec de grandes oreilles et presque pas de moustaches. Je ne suis pas très grand, mais musclé ! Mon ancêtre s'appelait Kirlee. C'était un chat frisé qui est né en Angleterre en 1960 dans la région du Devon.

Dans l'appartement, le chat a ses habitudes. Il s'installe sur le canapé pour faire la sieste, sur le buffet quand il y a du soleil… et il n'aime pas les déménagements !

Son territoire : l'appartement

Le chat qui vit en appartement possède aussi son territoire. Il a ses coins préférés pour jouer et se reposer, et adore s'installer en haut des armoires ou sur les rebords des fenêtres pour surveiller ce qui se passe. Comme il n'aime pas trop le changement, il apprécie de trouver sa gamelle toujours à la même place. Et comme il n'aime pas être dérangé quand il fait ses besoins, il préfère que sa litière soit installée dans un endroit calme. D'ailleurs, si on la met dans un lieu qui ne lui plaît pas, il est capable de faire pipi à côté !

Quand le chat se frotte contre les jambes de quelqu'un, c'est surtout pour y déposer son odeur. C'est sa façon de dire : « Tu es sur mon territoire et tu m'appartiens », un moyen de déclarer son amitié.

Certains chats se réfugient en haut des armoires pour surveiller la maison.

Vive les sorties !

Quand l'appartement possède un balcon, le chat adore s'y promener. Il peut y découvrir les bruits de la rue, des insectes... Et s'il peut sortir de l'appartement, c'est encore mieux ! Certains chats se contentent de rester dans la cour de l'immeuble, d'autres vont un peu plus loin et en profitent pour essayer d'attraper des oiseaux, des souris, voire manger ce qui dépasse des poubelles. Mais, en général, leur territoire est beaucoup plus petit qu'à la campagne. Il faut bien le partager avec d'autres !

Le chat est content d'aller sur le balcon. Cela lui permet d'agrandir son territoire et de savoir ce qui se passe dehors. Tout l'intéresse : les bruits, les odeurs apportées par le vent...

Avec les copains, c'est mieux !

Les chats qui vivent dans la rue sont moins solitaires. Ils se regroupent volontiers en bandes pour défendre leur territoire. Ainsi, ils sont plus sûrs d'avoir à manger. Ces bandes s'installent dans les parcs, les terrains vagues ou les cimetières, autour d'un chef qui va faire régner la loi et chasser les intrus. On trouve aussi des groupes de femelles qui s'entraident pour élever leurs chatons. Mais une fois devenus grands, les jeunes mâles sont chassés du clan.

Dans la nature, les chats sont des chasseurs solitaires. Mais, dans les rues, ils ont appris à s'organiser pour se partager la nourriture et empêcher d'autres chats d'entrer sur leur territoire.

Les chats et leurs petits

Quand la chatte devient nerveuse, se roule par terre, se frotte fort contre les objets, miaule sans cesse, c'est signe qu'elle est prête à avoir des bébés. On dit qu'elle est « en chaleur ». Cela arrive deux ou trois fois par an, dès que la chatte est en âge de se reproduire, c'est-à-dire entre sept et dix mois. Quant au chat, dès qu'il est prêt à s'accoupler, il arrose son territoire d'une urine qui sent très fort. C'est sa manière de dire aux femelles : « Je suis un mâle en pleine force de l'âge, prêt à vous donner de beaux bébés. » On dit alors qu'il est « en rut ».

Les bébés chats ne ressemblent pas toujours à leur maman. Ils peuvent aussi ressembler à leur papa !

Combien de petits une chatte peut-elle avoir par an ?

Réponse 1 : Quatre.

Réponse 2 : Huit.

Réponse 3 : Dix.

Qui suis-je ?

Le Sphinx

MON POIDS :
Je pèse de 3,5 à 7 kg.

MA FOURRURE EST :
Invisible, car je suis un chat sans poil ! C'est pour cela que l'on m'appelle le « chat nu ».

MES YEUX SONT :
Grands, ovales et de différentes couleurs.

MON CARACTÈRE :
Je suis affectueux et très joueur !

MES SIGNES PARTICULIERS :
Comme je n'ai pas de fourrure, on voit ma peau qui est toute ridée. Certains me trouvent laid, mais d'autres jugent que je suis très beau car on voit bien mes muscles ! L'hiver j'ai une bonne couche de graisse qui me protège du froid. L'été, je bronze facilement, mais attention aux coups de soleil !

Longtemps, le mâle tourne autour de la femelle. Mais elle ne se laisse pas approcher facilement. Les oreilles couchées en arrière, elle se met à grogner dès qu'il veut la toucher.

Une chatte peut avoir dix petits par an.

À la recherche d'un compagnon

Dès que la femelle est en chaleur, elle le fait savoir aux chats du voisinage par les odeurs qu'elle laisse sur son passage en se frottant sur le sol ou en faisant pipi. Pour les appeler, elle pousse de forts miaulements qui s'entendent au loin. Souvent, plusieurs mâles répondent à l'appel. Ils vont alors se bagarrer et c'est le plus fort qui aura le droit de séduire la belle. La chatte reste à l'écart de ces bagarres. Elle attend que le vainqueur mette les autres en fuite et vienne la voir.

Une danse bruyante

La femelle ne se laisse pas approcher tout de suite. D'abord elle crache, crie, donne des coups de griffe. Le mâle doit se montrer patient. Puis, au bout de plusieurs minutes, elle se laisse renifler. Le mâle monte alors sur le dos de la femelle et l'accouplement a lieu. Ensuite, chacun repart de son côté. Chez les chats, les rencontres sont brèves et il est rare que les pères connaissent leurs petits. D'ailleurs, une chatte peut s'accoupler avec plusieurs mâles dans la même journée. Ainsi, elle a plus de chances d'avoir des bébés !

Les petits naissent un par un. Parfois, ils sont de couleurs différentes car ils n'ont pas le même père ! La chatte les nettoie en les léchant et les chatons se mettent à respirer.

La chatte possède huit mamelles. Chaque petit choisit la sienne.
Le lait de sa maman va lui apporter tout ce qu'il faut pour grandir.

La naissance

Peu à peu, le ventre de la chatte s'arrondit et ses tétines deviennent toutes roses. Au bout de neuf semaines, elle est prête à avoir ses bébés. Elle cherche alors un endroit tranquille pour les mettre au monde : un placard, un tiroir ou bien un buisson. La chatte peut donner naissance jusqu'à cinq ou six chatons à la fois. Et comme elle a souvent deux portées par an, elle peut avoir dix petits en une année. Cela fait beaucoup de bouches à nourrir, et pour les oiseaux et les souris du voisinage, c'est une vraie menace.

À la naissance, les nouveau-nés sont minuscules et ils ont les paupières collées.

Les bébés chats

À la naissance, les bébés chats sont de minuscules boules de poils sans défense. Leur maman s'occupe beaucoup d'eux. Elle les nettoie, leur donne la tétée, et ne quitte le nid que pour chasser et faire ses besoins. Parfois, elle décide de déménager, car elle se sent dérangée ou elle a peur que le nid soit repéré par un renard ou par une belette qui risqueraient de s'en prendre à ses petits en son absence. Alors, elle les prend un par un dans sa gueule par la peau du cou et les installe dans une autre cachette. Les chatons peuvent rester jusqu'à l'âge de cinq ou six mois avec leur mère. C'est le temps qu'il leur faut pour devenir grands et apprendre à chasser.

Les chatons adorent se poursuivre, s'attraper avec les pattes, se donner des coups... Ces jeux leur apprennent à devenir rapides et agiles, et les préparent à être de bons chasseurs.

Pourquoi le chaton court-il après sa queue ?

Réponse 1 : Parce que tout ce qui bouge l'intéresse.

Réponse 2 : Parce qu'il veut savoir comment elle est faite.

Réponse 3 : Parce qu'il s'ennuie.

Qui suis-je ?

L'Angora turc

MON POIDS :
Je pèse de 2,5 à 5 kg.

MA FOURRURE EST :
Douce, mi-longue et souvent blanche.

MES YEUX SONT :
Bleus ou orange. Mais parfois il m'arrive d'avoir un œil bleu et l'autre orange.

MON CARACTÈRE :
Je suis affectueux, curieux et très joueur.

MES SIGNES PARTICULIERS :
Angora est l'ancien nom de la capitale de la Turquie, Ankara. C'est pour cela que l'on m'appelle l'« Angora turc ». Avant, j'étais très apprécié pour mon long poil. Mais quand les chats persans sont apparus avec le poil encore plus long, j'ai bien failli disparaître !

Le chaton court après sa queue parce que tout ce qui bouge l'intéresse.

À deux semaines, le chaton commence à marcher. Il devient alors capable de quitter le nid et s'éloigne un peu de sa maman... mais pas trop !

Les premiers jours

Quand ils viennent au monde, les bébés chats sont presque sourds et ont les yeux fermés. Ils passent leur temps à dormir bien au chaud les uns contre les autres et à téter. Chacun a sa mamelle qu'il reconnaît à l'odeur. Vers le huitième jour, leurs yeux s'ouvrent. Au début, ils sont bleus, mais après, ils peuvent changer de couleur. Les premiers jours, les chatons sont incapables de marcher. Ils arrivent juste à ramper jusqu'à la mamelle de leur mère. Enfin, au bout de deux semaines, ils réussissent à se mettre debout. C'est le début de la liberté !

Pour porter ses petits, la chatte a une technique très efficace : elle les attrape doucement dans sa gueule. Puis elle les emmène dans une nouvelle cachette.

Apprentis chasseurs

Très vite, les chatons apprennent à se poursuivre, à grimper et à sauter. Ils jouent à se bagarrer en se donnant des coups de patte, s'amusent à courir après leur queue. Ils ont envie d'attraper tout ce qui bouge ! Ces jeux sont très utiles pour devenir un bon chasseur. Mais cela ne suffit pas et, dès qu'ils ont un mois, leur maman leur montre comment tuer une proie. Elle pose devant eux une souris vivante, puis se met à la poursuivre et à l'assommer. Ensuite, chacun a droit à un morceau. Au bout de quelques jours, la chatte laisse les chatons se débrouiller seuls avec les proies. Peu à peu, ils vont devenir très habiles !

C'est l'heure de la leçon de chasse ! La maman apporte une proie vivante à son petit et lui montre comment la tuer.

Maintenant qu'il sait marcher, courir et bondir, le petit chat peut partir à la découverte du monde. Et s'il croise une souris, gare à elle !

Déjà grands

Quand les petits ont deux mois, la chatte cesse peu à peu de les allaiter. Maintenant, ils commencent à avoir de bonnes dents et à pouvoir chasser seuls ! Au début, les chatons ne s'éloignent pas trop de leur mère et, dès qu'ils ont un problème, ils l'appellent. Mais, vers l'âge de trois ou quatre mois, ils sont prêts à se séparer d'elle. Parfois, les jeunes femelles restent plus longtemps avec leur mère. Quant aux jeunes mâles, ils sont chassés dès qu'ils approchent de l'âge adulte.

Des chats tous différents

Tous les chats de nos maisons appartiennent à la même espèce : celle du chat domestique. Mais à l'intérieur de cette espèce, il y a une soixantaine de races ! Qu'est-ce qui les différencie ? La longueur du poil ou encore la forme des yeux, des oreilles ou de la queue. Certaines ont le poil long, comme les Persans ; d'autres ont le poil court, comme les Siamois, ou pas de queue, comme le Manx ! Ces caractères sont apparus naturellement ou ont été créés par les éleveurs. Mais la plupart des chats sont des chats de gouttière, issus de races mélangées.

Quand deux chats de races différentes s'accouplent, on dit que leurs petits sont des chats de gouttière.

Qui suis-je?

L'American Curl

MON POIDS :
Je pèse de 3 à 5 kg.

MA FOURRURE EST :
Tantôt courte, tantôt mi-longue et de différentes couleurs.

MES YEUX SONT :
Ovales et de différentes couleurs.

MON CARACTÈRE :
J'aime les câlins et je suis très joueur.

MES SIGNES PARTICULIERS :
J'ai de drôles d'oreilles en forme de boucles. Mes cousins et moi, nous descendons tous d'une chatte américaine qui avait les mêmes oreilles roulées vers l'arrière. Ses maîtres l'ont trouvée en Californie en 1981 et l'ont appelée Shulamith.

Pourquoi le Manx n'a-t-il pas de queue ?

Réponse 1 : Parce qu'on la lui a coupée.

Réponse 2 : Parce qu'il est né comme ça dans la nature.

Réponse 3 : Parce que les éleveurs ont pensé que ça serait plus joli.

Le Manx n'a pas de queue parce qu'il est né comme ça dans la nature.

Un jour, un chat est né sans queue, sur l'île de Man près de l'Angleterre. Il a donné naissance à d'autres chats qui lui ressemblaient. Et c'est ainsi que le Manx s'est développé !

Les chats à poil court

Un grand nombre de chats à poil court, comme l'Abyssin ou l'Oriental, viennent des pays chauds. Ils sont minces et leur poil est fin. D'autres vivent dans les régions froides. Ils sont plus gros et ont une fourrure plus épaisse qui les protège du froid. C'est le cas, par exemple, des Européens tigrés ou noirs. Parmi les races à poil court, on trouve aussi le Manx, qui n'a pas de queue, et le Sphinx, qui n'a pas de poil du tout ! C'est un chat rare car les éleveurs ont du mal à obtenir des bébés sans poil.

Les chats à poil mi-long

Ils ont le poil long, mais pas autant que les Persans. Alors, on les appelle « chats à poil mi-long ». Il en existe une vingtaine de races différentes. Parmi elles, on trouve l'Angora turc, qui fut longtemps le chat préféré des princes, à cause de sa belle fourrure toute douce et blanche. D'autres sont plus bizarres, car ils ont une drôle de tête. Ainsi, l'American Curl possède des oreilles en forme de croissant de lune qui lui donnent un air de lutin. Quant au Scottish Fold, ses oreilles sont pliées !

Le Norvégien est un chat à poil mi-long qui aime bien faire de l'exercice et grimper aux arbres.

Le Birman est un chat à poil mi-long. On l'appelle « chat sacré de Birmanie », car la légende dit que ses ancêtres vivaient dans des temples en Asie.

Les chats à poil long

Un seul chat a le poil vraiment long : c'est le Persan. Mais attention, il faut brosser sa fourrure chaque jour si l'on ne veut pas qu'elle s'emmêle ! Ce chat peut être de couleur unie : roux, blanc, noir… Il peut aussi être bicolore, par exemple noir et blanc, ou tricolore, s'il comporte trois couleurs différentes. D'autres encore ressemblent au Siamois : ils ont le corps de couleur crème, les pattes, la tête, les oreilles et la queue noires, ainsi que de jolis yeux bleus !

Très élégant avec sa longue fourrure, le Persan est le chat de race le plus répandu au monde.

Les chats et leur famille

Dans la nature, le chat est un solitaire. Mais à la maison, il peut tolérer la présence d'autres animaux, surtout s'ils grandissent ensemble. On a vu, par exemple, des chats jouer avec des chiens ou avec des lapins. Mais mieux vaut les surveiller pour être sûr que tout se passe bien ! Pour le chat, un oiseau, un hamster ou des poissons rouges sont plutôt des proies que des compagnons de jeu. Alors attention aux accidents ! Si le chat est bien élevé et bien nourri, il sera moins tenté de les manger !

Quelle chance pour un chat d'avoir un ami aussi grand ! Il peut grimper sur son dos et de là-haut surveiller son territoire.

Que veut dire « s'entendre comme chien et chat » ?

Réponse 1 : Bien s'entendre.

Réponse 2 : Ne pas s'entendre du tout.

Réponse 3 : Être sourd.

Qui suis-je ?

Le Persan

MON POIDS :
Je pèse de 3,5 à 7 kg.

MA FOURRURE EST :
Longue, épaisse et de différentes couleurs.

MES YEUX SONT :
Grands, ronds et de différentes couleurs.

MON CARACTÈRE :
Je suis calme et silencieux.

MES SIGNES PARTICULIERS :
Je tire mon nom de mon ancêtre, l'Angora, qui vivait en Perse et en Turquie. Avec ma belle fourrure, mon petit nez et ma queue touffue, je suis l'un des chats de race les plus aimés. Je m'adapte très bien à la vie en appartement.

« S'entendre comme chien et chat » veut dire ne pas s'entendre du tout.

Un chaton peut tout à fait s'entendre avec un chien qui a bon caractère. En revanche, un chat adulte aura plus de mal à accepter la présence d'un jeune chien dans la maison.

Amis ou ennemis ?

Le chat et le chien sont souvent présentés comme des ennemis. C'est vrai qu'il leur arrive de s'attaquer et de se poursuivre. Leur problème, c'est qu'ils ont du mal à se comprendre. Quand un chien agite la queue, cela veut dire qu'il est content ; mais quand un chat remue la queue, cela signifie qu'il est énervé. Ils peuvent malgré tout devenir de bons amis, surtout si le chat est jeune. Il est assez facile pour un chaton qui arrive dans une maison de s'adapter à d'autres animaux ; faire accepter un nouveau compagnon à un chat adulte qui ne veut pas partager son territoire est beaucoup plus compliqué !

Les chats redevenus sauvages

La plupart des animaux domestiques ne sauraient pas se débrouiller dans la nature. Les chats, eux, gardent leur instinct de chasseur et peuvent très bien survivre à l'état sauvage. On les appelle alors des « chats harets ». Ils restent souvent cachés et ne se laissent pas approcher facilement ! La présence de ces carnivores peut parfois poser un problème pour l'équilibre de la nature s'ils deviennent trop nombreux. Ainsi, en Australie, il y a tellement de chats harets que certaines espèces sont menacées !

Même apprivoisé, un chat reste un animal sauvage, et son instinct de chasseur peut le pousser à s'attaquer à un oiseau en cage.

Le lynx est un « cousin » du chat qui vit en Europe et en Amérique.
On le reconnaît facilement aux touffes de poils qu'il porte au bout des oreilles.

Les cousins des chats

Les chats domestiques font partie de la famille des petits félins, qui groupe tous les félins qui ne peuvent pas rugir. Parmi eux, on trouve le lynx, le puma et beaucoup de chats sauvages. Le plus petit d'entre eux, le Chat rougeâtre, vit en Inde et pèse un kilo. Certains, comme le Chat des Andes, vivent dans la montagne , d'autres, comme le Chat des sables, habitent dans le désert. Enfin, dans nos campagnes, on peut rencontrer le Chat forestier, une espèce au pelage rayé reconnaissable à sa queue très touffue.

Même si le Chat forestier ressemble au chat domestique, c'est une espèce différente qui se distingue par sa grosse queue touffue.

Grand quiz sur les chats

Ils sont souples, agiles et résistants. Ils sont indépendants et conservent toujours un petit côté sauvage. Ils savent s'exprimer grâce à leurs miaulements, mais aussi par les positions de leur corps… Les chats t'ont raconté tous leurs secrets. Les voici à présent qui te posent quelques questions. À toi de trouver les bonnes réponses ! Et quand tu ne sais pas, cherche dans ton livre* !

LES CHATS, DE VRAIS ACROBATES

Combien le chat possède-t-il de muscles ?

Réponse 1 : 250.
Réponse 2 : 500.
Réponse 3 : 750.

Les pattes arrière du chat sont :

Réponse 1 : Très fines.
Réponse 2 : Plus longues que les pattes avant.
Réponse 3 : Moins longues que les pattes avant.

La queue du chat lui sert :

Réponse 1 : À se suspendre aux arbres.
Réponse 2 : À rien.
Réponse 3 : À garder l'équilibre.

LES CHATS ET LEURS SENS

Les moustaches du chat s'appellent :

Réponse 1 : Des écrevisses.
Réponse 2 : Des vibrisses.
Réponse 3 : Des cannisses.

Le chat entend :

Réponse 1 : Mieux que l'homme.
Réponse 2 : Moins bien que l'homme.
Réponse 3 : Aussi bien que l'homme.

Pourquoi les yeux du chat brillent-ils la nuit ?

Réponse 1 : Parce que les étoiles se reflètent dans ses yeux.
Réponse 2 : Parce qu'ils sont comme des diamants.
Réponse 3 : Parce qu'il a une sorte de miroir au fond de ses yeux.

 * Tu trouveras les solutions p. 58.

LES CHATS ET LEUR LANGAGE

Le chat sait produire :
- Réponse 1 : 3 sons différents.
- Réponse 2 : 10 sons différents.
- Réponse 3 : 60 sons différents.

Que fait un chat qui est détendu ?
- Réponse 1 : Il ferme à demi les yeux.
- Réponse 2 : Il détourne le regard.
- Réponse 3 : Il ouvre grands les yeux.

Quand le chat remue la queue, il est :
- Réponse 1 : Content.
- Réponse 2 : Nerveux.
- Réponse 3 : Calme.

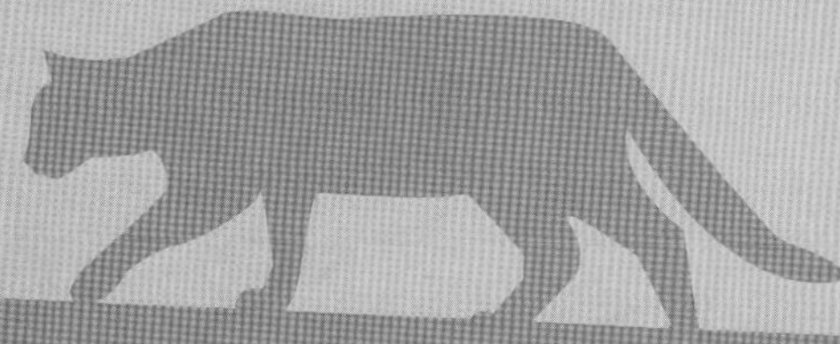

LES CHATS ET LA CHASSE

Le chat dort :
- Réponse 1 : 4 heures par jour.
- Réponse 2 : 8 heures par jour.
- Réponse 3 : 16 heures par jour.

Comment s'appellent les dents qui servent à déchirer la nourriture ?
- Réponse 1 : Les dents carnivores.
- Réponse 2 : Les canines.
- Réponse 3 : Les dents carnassières.

Le chat s'attaque :
- Réponse 1 : Aux proies qui bougent.
- Réponse 2 : Aux proies qui sont immobiles.
- Réponse 3 : Aux animaux morts.

LES CHATS ET LEURS MENUS

Un chat peut dévorer :
- Réponse 1 : 2 souris par jour.
- Réponse 2 : 5 souris par jour.
- Réponse 3 : 10 souris par jour.

Pourquoi le chat avale-t-il de l'herbe ?
- Réponse 1 : Parce qu'il aime ça.
- Réponse 2 : Pour nettoyer son estomac en se faisant vomir.
- Réponse 3 : Parce qu'il y a plein de vitamines dedans.

Un chat qui mange comme il faut a :
- Réponse 1 : Une fourrure brillante.
- Réponse 2 : De belles dents.
- Réponse 3 : De grandes oreilles.

LES CHATS À LA CAMPAGNE

Quand ils ne sont pas à la maison, les chats :

Réponse 1 : Jouent avec d'autres chats.
Réponse 2 : Dorment dans un coin.
Réponse 3 : Surveillent leur territoire.

Si le chat griffe les troncs d'arbres, c'est pour :

Réponse 1 : Marquer son territoire.
Réponse 2 : Apprendre à grimper aux arbres.
Réponse 3 : S'amuser.

À la campagne, le territoire du chat, c'est :

Réponse 1 : Uniquement la maison.
Réponse 2 : Uniquement le jardin.
Réponse 3 : Un espace qui peut dépasser la surface d'un village.

LES CHATS EN VILLE

Si le chat fait ses griffes sur les meubles, c'est :

Réponse 1 : Parce qu'il a gardé un comportement d'animal sauvage.
Réponse 2 : Parce qu'il a peur.
Réponse 3 : Parce qu'il est fâché.

En ville, le territoire du chat, c'est :

Réponse 1 : L'appartement.
Réponse 2 : La cuisine.
Réponse 3 : Les rebords des fenêtres.

Les chats des rues sont :

Réponse 1 : Souvent solitaires.
Réponse 2 : Souvent en bandes.
Réponse 3 : Souvent cachés.

LES CHATS ET LEURS PETITS

Une chatte peut se reproduire :

Réponse 1 : À l'âge de 6 mois.
Réponse 2 : Entre 7 et 10 mois.
Réponse 3 : À l'âge de 18 mois.

Le chat est un père qui :

Réponse 1 : S'occupe beaucoup de ses petits.
Réponse 2 : Ne connaît pas ses petits.
Réponse 3 : Apprend aux chatons à chasser.

Pour mettre au monde ses petits, la chatte s'installe :

Réponse 1 : Sur un canapé.
Réponse 2 : En haut d'une armoire.
Réponse 3 : Dans un placard, un tiroir ou un buisson.

LES BÉBÉS CHATS

Combien de temps les chatons restent-ils auprès de leur mère ?

Réponse 1 : Pendant 1 mois.

Réponse 2 : Pendant 2 mois.

Réponse 3 : Parfois jusqu'à 5 ou 6 mois.

Quand ils viennent au monde, les chatons sont :

Réponse 1 : Presque sourds et aveugles.

Réponse 2 : Capables de marcher.

Réponse 3 : Capables de sauter.

Pour apprendre la chasse à ses petits, la chatte :

Réponse 1 : Les emmène un par un chasser avec elle.

Réponse 2 : Dépose devant eux une souris vivante et leur montre comment la tuer.

Réponse 3 : Emporte ses petits sur son dos quand elle part chasser.

DES CHATS TOUS DIFFÉRENTS

Combien de races de chats y a-t-il ?

Réponse 1 : Environ 20.

Réponse 2 : Environ 60.

Réponse 3 : Environ 150.

L'Abyssin et l'Oriental sont :

Réponse 1 : Des races à poil court.

Réponse 2 : Des races à poil mi-long.

Réponse 3 : Des races à poil long.

L'American curl possède des oreilles :

Réponse 1 : En forme de croissant de lune.

Réponse 2 : Pliées.

Réponse 3 : Toutes droites.

LES CHATS ET LEUR FAMILLE

Qu'est-ce qu'un chat haret ?

Réponse 1 : Un chat domestique redevenu sauvage.

Réponse 2 : Un chat qui s'arrête tout le temps quand il marche.

Réponse 3 : Un chat qui ne sort jamais de la maison.

Où vit le chat des Andes ?

Réponse 1 : Dans le désert.

Réponse 2 : Au bord de la mer.

Réponse 3 : Dans la montagne.

Les chats domestiques font partie de la famille des :

Réponse 1 : Petits félins.

Réponse 2 : Rongeurs.

Réponse 3 : Ruminants.

Réponses au quiz

Les chats, de vrais acrobates

Le chat possède 500 muscles.

Les pattes arrière du chat sont plus longues
que les pattes avant.

La queue du chat lui sert à garder l'équilibre.

Les chats et leurs sens

Les moustaches du chat s'appellent des vibrisses.

Le chat entend mieux que l'homme.

Les yeux du chat brillent la nuit parce qu'il
a une sorte de miroir au fond des yeux.

Les chats et leur langage

Le chat sait produire 60 sons différents.

Un chat qui est détendu ferme à demi les yeux.

Quand le chat remue la queue, il est nerveux.

Les chats et la chasse

Le chat dort 16 heures par jour.

Les dents qui servent à déchirer la nourriture
s'appellent les dents carnassières.

Le chat s'attaque aux proies qui bougent.

Les chats et leurs menus

Un chat peut dévorer 10 souris par jour.

Le chat avale de l'herbe pour nettoyer son estomac
en se faisant vomir.

Un chat qui mange comme il faut a une fourrure brillante.

Les chats à la campagne

Quand ils ne sont pas à la maison, les chats surveillent
leur territoire.

Si le chat griffe les troncs d'arbres, c'est pour marquer
son territoire.

À la campagne, le territoire du chat, c'est un espace
qui peut dépasser la surface d'un village.

Les chats en ville

Si le chat fait ses griffes sur les meubles, c'est parce qu'il
a gardé un comportement d'animal sauvage.

En ville, le territoire du chat, c'est l'appartement.

Les chats des rues sont souvent en bandes.

Les chats et leurs petits

Une chatte peut se reproduire entre 7 et 10 mois.

Le chat est un père qui ne connaît pas ses petits.

Pour mettre au monde ses petits, la chatte
s'installe dans un placard, un tiroir ou un buisson.

Les bébés chats

Les chatons restent auprès de leur mère parfois
jusqu'à 5 ou 6 mois.

Quand ils viennent au monde, les chatons sont
presque sourds et aveugles.

Pour apprendre la chasse à ses petits, la chatte
dépose devant eux une souris vivante et leur montre
comment la tuer.

Des chats tous différents

Il y a environ 60 races de chats.

L'Abyssin et l'Oriental sont des races à poil court.

L'American curl possède des oreilles en forme
de croissant de lune.

Les chats et leur famille

Un chat haret est un chat domestique redevenu sauvage.

Le chat des Andes vit dans la montagne.

Les chats domestiques font partie de la famille
des petits félins.

Petit vocabulaire scientifique

- **Carnivore**
Animal qui se nourrit principalement de viande.

- **Chat de gouttière**
Le chat de gouttière est un chat qui a un père et une mère de races différentes ou qui n'appartiennent pas à une race précise.

- **Espèce**
Groupe d'animaux qui se ressemblent beaucoup, qui ont les mêmes façons de vivre ou de se nourrir et qui peuvent se reproduire entre eux.

- **Félin**
Les félins sont tous les animaux de la famille du chat : tigres, panthères, chats sauvages...

- **Instinct**
Ce qui pousse les animaux d'une même espèce à agir de la même façon, en suivant leur nature.

- **Mammifère**
Se dit des animaux qui allaitent leurs petits.

- **Odorat**
Sens qui permet de sentir les odeurs.

- **Ouïe**
Sens qui permet d'entendre les sons.

- **Papilles**
Petites pointes qui dépassent à la surface de la langue et qui permettent de distinguer ce qui est acide, amer, salé ou sucré.

- **Portée**
Ensemble des petits qui naissent en même temps d'une même femelle.

- **Proie**
Animal qui sert de nourriture à un autre animal. La souris est une proie pour le chat.

- **Territoire**
Espace qu'un animal se réserve et qu'il protège contre les autres animaux de la même espèce.

- **Ultrason**
Son très aigu que les humains ne sont pas capables d'entendre, mais que l'oreille d'un chat perçoit très bien.

- **Vibrisses**
Poils très sensibles que portent certains animaux. Ceux du chat sont au-dessus des lèvres, des yeux, sur les joues et derrière les pattes avant.

- **Vue**
Sens grâce auquel on voit ce qui est autour de nous.

Crédit photographique

Agence Arioko :

Albert : Page 53(b)

Carton : Pages 34, 37(h)

Clément : Page 53(h)

Damman : Pages 12(b), 14, 21(b), 22, 28(h), 29(h), 33(b), 43, 44, 49(b)

Dufresne : Pages 8/9, 20 (h), 24 (h)

Duhayer : Page 30

Fouquet : Page 38

Gehlhar : Page 52 (b)

Heuzé : Pages 28 (b), 40 (h)

Labat/Rouquette : Pages 13 (b), 15, 16, 17 (h1), 17 (h2), 17 (b), 24 (b), 25 (b), 32 (h), 32 (b), 36 (h), 36 (b), 39, 41 (h), 41 (b), 45 (h), 46, 52 (h)

Lanceau : Pages 11, 12 (h), 13 (h), 19, 20 (b), 21 (h), 23, 26, 27, 29 (b), 31, 35, 47, 48 (h), 48 (b), 49 (h), 50, 51

Lemoine : Page 25 (b)

Rocher : Pages 33 (h), 41 (b)

Vezon : 10, 42, 45 (m), 45 (b)

Watier : Pages 18, 37 (b)

Photographie de la couverture : **Getty images**

Dans la même collection

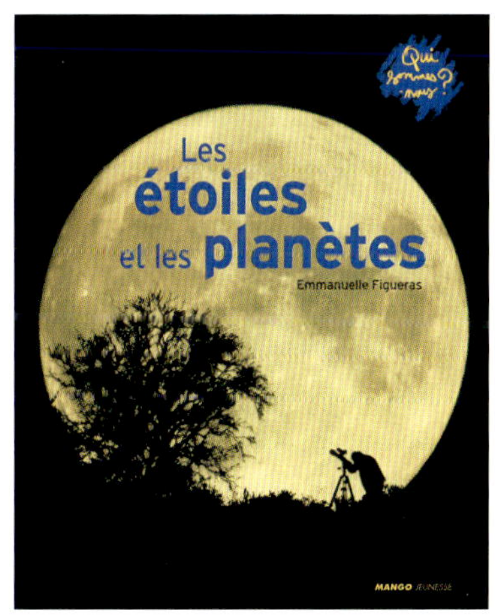